Claridad Crypto: Navegando por el Mundo de las Inversiones Digitales

Es una obra fundamental para comprender el emocionante y a menudo complejo mundo de las criptomonedas y las inversiones digitales. Este libro se erige como un faro de conocimiento en un océano de información financiera en constante evolución. Sin necesidad de experiencia previa en finanzas o tecnología, esta obra guía a los lectores a través de los conceptos básicos y avanzados de las criptomonedas y la tecnología blockchain.

En sus páginas, descubrirás que las criptomonedas, representadas por el pionero Bitcoin y una multitud de otras monedas digitales, están transformando la forma en que concebimos y manejamos el dinero. Aprenderás cómo estas monedas virtuales se han convertido en una forma de inversión atractiva y cómo puedes explorar el mundo de las altcoins y tokens, diversificando tus inversiones y mitigando riesgos.

Este libro te lleva más allá de Bitcoin, presentándote al emocionante mundo de las altcoins y tokens. Explorarás las diversas categorías de criptomonedas y cómo sus casos de uso únicos pueden tener un impacto en tu estrategia de inversión. Aprenderás a evaluar criptomonedas con un ojo crítico, identificando proyectos sólidos y evitando inversiones riesgosas.

La tecnología blockchain, que se encuentra en el corazón de las criptomonedas, también se analiza en profundidad. Descubrirás cómo esta innovación está transformando industrias más allá de las finanzas, desde la cadena de suministro hasta la atención médica. La transparencia y la seguridad inherentes a la blockchain están cambiando la forma en que las empresas operan y las personas interactúan con los datos.

En Claridad Crypto, se enfatiza la importancia de invertir con prudencia en el mundo de las criptomonedas. Aprenderás a evaluar el riesgo y la recompensa, a desarrollar estrategias de inversión que se adapten a tus objetivos y tolerancia al riesgo, y a investigar proyectos de criptomonedas de manera efectiva. La seguridad es una prioridad clave, y este libro te proporciona las herramientas y prácticas esenciales para proteger tus inversiones de posibles amenazas y estafas.

La regulación de las criptomonedas también se aborda en profundidad. La obra explora la situación actual de la regulación global y cómo esta puede afectar tus inversiones y actividades en el mundo cripto. La conformidad con las leyes y regulaciones es esencial para mantener tu inversión segura y legal.

Claridad Crypto destaca las tendencias tecnológicas que darán forma al mundo de las criptomonedas y cómo estas monedas digitales pueden cambiar radicalmente la sociedad y las finanzas tradicionales. La obra también ofrece orientación sobre los pasos prácticos para comenzar a invertir en criptomonedas y brinda recursos adicionales para aquellos que desean profundizar en el tema.

Puntos claves:

- Fundamentos de las Criptomonedas: Comprende las criptomonedas y la tecnología blockchain.
- Bitcoin y su Revolución: Explora el origen de Bitcoin y su impacto en las finanzas.
- Más Allá de Bitcoin: Descubre altcoins y tokens con diferentes casos de uso.
- Blockchain en Diferentes Sectores: Aprende cómo blockchain está transformando diversas industrias.
- Inversiones Sabias en Criptomonedas: Evalúa riesgos, estrategias de inversión y diversificación.
- Seguridad en el Mundo de las Criptomonedas: Protege tus inversiones y evita estafas.
- Regulación en el Espacio Cripto: Comprende la regulación global y su impacto.
- Futuro de las Criptomonedas: Explora tendencias tecnológicas y el potencial de adopción masiva.
- Próximos Pasos y Recursos: Encuentra orientación para comenzar a invertir y recursos para el aprendizaje continuo.

Capítulos:

Introducción

En el horizonte de la era digital, donde las fronteras tradicionales de la economía y las finanzas están siendo desdibujadas por la omnipresencia de la tecnología, emerge un concepto poderoso y transformador: las criptomonedas y las inversiones digitales. Este libro, "Claridad Crypto: Navegando por el Mundo de las Inversiones Digitales," representa una brújula en este vasto y a menudo enigmático territorio financiero.

La educación financiera en la era digital se presenta como un faro de conocimiento en medio de una tormenta de información y opciones. En este mundo de datos abundantes y disruptivas innovaciones tecnológicas, la comprensión de las criptomonedas y las inversiones digitales se vuelve esencial para navegar con éxito por las aguas turbulentas de las finanzas modernas.

La pregunta fundamental que plantea este libro es: ¿Cómo pueden los individuos, independientemente de su nivel de experiencia en finanzas y tecnología, abrazar el potencial de las criptomonedas y las inversiones digitales de manera informada y segura? La respuesta radica en la claridad. Claridad en la comprensión de los conceptos, claridad en la evaluación de riesgos y recompensas, y claridad en la aplicación de estrategias adecuadas.

A medida que avanzamos en estas páginas, los lectores pueden esperar una exploración profunda pero accesible de las criptomonedas y las inversiones digitales. No es necesario tener un conocimiento previo en finanzas o tecnología; este libro está diseñado para ser una guía inclusiva que lleva a cada lector desde los fundamentos hasta las estrategias avanzadas.

Aquí, en "Claridad Crypto," desentrañaremos los conceptos que subyacen a las criptomonedas, revelando cómo estas monedas digitales están revolucionando la economía global. Desde Bitcoin, la pionera de las criptomonedas, hasta una multitud de altcoins y tokens con casos de uso diversos, te llevaremos en un viaje para comprender y evaluar estas innovaciones.

No obstante, nuestra exploración no se limita a las criptomonedas en sí. Reconocemos que la tecnología blockchain, la columna vertebral de las criptomonedas, tiene un alcance más amplio. Profundizaremos en cómo esta tecnología está transformando industrias más allá de las finanzas, desde la atención médica hasta la cadena de suministro.

La inversión en criptomonedas es un tema crítico que abordamos con atención y detalle. Exploraremos estrategias para evaluar el riesgo y la recompensa en el vertiginoso mundo de las criptomonedas, brindándote las herramientas necesarias para tomar decisiones informadas. La diversificación de la cartera y la investigación de proyectos de criptomonedas se presentan como componentes clave para el éxito en este campo.

La seguridad en el mundo de las criptomonedas es otra piedra angular de este libro. A medida que avanzamos en la era digital, la protección de tus activos digitales se vuelve crucial. Desarrollarás una comprensión sólida de cómo mantener tus inversiones seguras y cómo evitar caer en trampas y estafas cibernéticas.

El panorama regulatorio en constante cambio también se explora en profundidad, ya que la legalidad y la conformidad son fundamentales en las inversiones digitales. Comprender las regulaciones globales y locales te permitirá operar con confianza y responsabilidad.

En última instancia, no podemos pasar por alto el futuro de las criptomonedas. ¿Qué nos depara la próxima década en este emocionante mundo financiero? ¿Cuáles son las tendencias tecnológicas que moldearán la adopción masiva de las criptomonedas? Estas son preguntas que abordaremos en nuestro viaje.

Capítulo 1: Fundamentos de las Criptomonedas

Las criptomonedas, en su esencia, son unidades digitales de valor que funcionan como medio de intercambio. Estas monedas digitales son diferentes de las monedas tradicionales, ya que no existen físicamente en forma de billetes o monedas de metal, y su operación y registro se basan en tecnología digital, específicamente en un concepto clave llamado blockchain.

Definición de criptomonedas.

Para entender mejor este concepto, es esencial desglosar las palabras "cripto" y "moneda". "Cripto" proviene del griego y significa "oculto" o "secreto". Este prefijo sugiere que las criptomonedas operan en un entorno en línea donde la privacidad y la seguridad son aspectos fundamentales. Por otro lado, "moneda" hace referencia a la función principal de estas unidades digitales: ser un medio de intercambio para facilitar transacciones económicas.

La característica definitoria de las criptomonedas es su naturaleza digital y descentralizada. A diferencia de las monedas emitidas por gobiernos (también conocidas como monedas fiduciarias) como el dólar estadounidense o el euro, las criptomonedas no están respaldadas por ninguna entidad centralizada, como un banco central o un gobierno. En cambio, su funcionamiento se basa en una tecnología denominada blockchain.

El blockchain es el pilar fundamental que sustenta las criptomonedas. Es una especie de libro de contabilidad digital, una base de datos descentralizada y transparente que registra todas las transacciones de una criptomoneda específica. Este registro es accesible públicamente, lo que significa que cualquier persona puede verificar las transacciones pasadas y futuras. Esto aporta un alto nivel de transparencia a las criptomonedas y minimiza la posibilidad de fraudes y falsificaciones.

Otra característica importante de las criptomonedas es su seguridad. Cada unidad de criptomoneda se almacena en una dirección criptográfica única, que es una cadena de números y letras. Para acceder a estas unidades y realizar transacciones, se necesita una clave privada correspondiente. Esta clave privada es un código secreto que solo el propietario de la criptomoneda debe conocer. Esta capa adicional de seguridad hace que las criptomonedas sean altamente resistentes a la falsificación y al robo.

El proceso de creación de nuevas unidades de criptomoneda se conoce como minería. La minería implica resolver complejos problemas matemáticos utilizando potencia informática. Una vez resuelto el problema, se verifica y registra una nueva transacción en el blockchain, y el minero es recompensado con una cantidad específica de la criptomoneda en cuestión. Este proceso de creación y distribución de nuevas monedas es un aspecto esencial de muchas criptomonedas y juega un papel fundamental en su valor y funcionamiento.

Historia y evolución de las criptomonedas.

El punto de partida de esta historia nos lleva al año 2009, cuando un individuo o grupo bajo el seudónimo de Satoshi Nakamoto introdujo Bitcoin al mundo. Bitcoin se considera la primera criptomoneda funcional y sigue siendo una de las más influyentes hasta el día de hoy. La visión detrás de Bitcoin era crear una moneda digital descentralizada que permitiera a las personas realizar transacciones en línea sin depender de intermediarios financieros, como bancos o gobiernos. La publicación del documento técnico de Bitcoin, conocido como el "Whitepaper de Bitcoin," marcó el inicio de esta revolución digital.

En sus primeros días, Bitcoin tenía un valor nominal y era utilizado principalmente por entusiastas de la tecnología y aquellos interesados en explorar el potencial de una moneda digital. Las primeras transacciones de Bitcoin involucraron la compra de bienes y servicios en línea, desde pizzas hasta productos electrónicos. Sin embargo, a medida que su adopción creció, también lo hizo su valor.

El año 2013 fue testigo de un hito significativo en la historia de Bitcoin cuando su precio superó los 100 dólares por primera vez. Esto atrajo la atención de inversores y especuladores, y Bitcoin comenzó a ganar reconocimiento en la corriente principal. A lo largo de los años, el precio de Bitcoin ha experimentado fluctuaciones significativas, pasando por periodos de crecimiento explosivo y correcciones abruptas.

El éxito de Bitcoin también inspiró la creación de nuevas criptomonedas. A medida que más personas comprendían el potencial de la tecnología blockchain y las criptomonedas, surgieron alternativas. Litecoin, lanzada en 2011, fue una de las primeras criptomonedas en seguir los pasos de Bitcoin. Ethereum, que se presentó en 2015, introdujo contratos inteligentes, lo que permitió una variedad de aplicaciones más allá de las simples transacciones.

La evolución de las criptomonedas no se limita solo a nuevas monedas. También ha dado lugar a una diversidad de tokens y activos digitales. Estos tokens se utilizan en una variedad de proyectos y aplicaciones, desde la financiación colectiva (ICO) hasta la representación de activos físicos en forma digital.

A medida que el mercado de criptomonedas crecía, también lo hacía la infraestructura que lo respalda. Se crearon intercambios de criptomonedas para facilitar la compra, venta y negociación de estos activos digitales. Además, se desarrollaron carteras digitales para almacenar y gestionar criptomonedas de manera segura.

La historia de las criptomonedas no está exenta de desafíos y controversias. Ha habido episodios de hackeos a intercambios, esquemas de estafa y debates sobre la regulación. Sin embargo, a pesar de estos obstáculos, las criptomonedas han continuado su crecimiento y evolución.

El año 2021 marcó otro hito en la historia de las criptomonedas con la adopción institucional. Empresas y fondos de inversión de renombre comenzaron a invertir en Bitcoin y otras criptomonedas como parte de sus estrategias de inversión. Esta validación institucional fue vista por muchos como un indicio de que las criptomonedas se estaban convirtiendo en una clase de activo legítima.

Explicación básica de la tecnología blockchain.

La tecnología blockchain, el fundamento en el que se basan las criptomonedas, es un concepto de gran importancia que merece una comprensión sólida. En su núcleo, la blockchain es una estructura de datos que permite el registro de información de manera segura y transparente. Para entender cómo funciona, consideremos los elementos esenciales de esta tecnología innovadora.

Registro Distribuido

La blockchain es, ante todo, un registro distribuido. Imagina un libro de contabilidad digital que se comparte entre una red de computadoras en lugar de estar centralizado en un solo lugar. Cada uno de estos nodos de la red mantiene una copia idéntica del libro de contabilidad, y todas las copias se actualizan simultáneamente cuando ocurre una nueva transacción.

Bloques de Datos

La información en una blockchain se agrupa en bloques. Cada bloque contiene un conjunto de transacciones y un sello de tiempo que indica cuándo se agregó al registro. Los bloques se encadenan entre sí en orden cronológico, formando así una cadena continua de información. Esto significa que cada bloque se refiere al bloque anterior, lo que asegura la integridad y la secuencia de las transacciones.

Seguridad Criptográfica

La seguridad es una característica fundamental de la blockchain. Cada bloque está vinculado al anterior mediante un proceso criptográfico llamado hash. Un hash es una cadena única de caracteres generada a partir de los datos de un bloque. Incluso el cambio más pequeño en los datos generará un hash completamente diferente. Esto significa que si alguien intenta alterar un bloque en la cadena, se modificará su hash, lo que alertará a la red de que algo está mal.

Además, la blockchain utiliza criptografía asimétrica para garantizar la seguridad de las transacciones. Cada usuario tiene una clave pública y una clave privada. La clave pública se utiliza para recibir fondos, mientras que la clave privada se mantiene en secreto y se usa para firmar transacciones, lo que garantiza que solo el propietario legítimo pueda gastar sus criptomonedas.

Consenso de la Red

Para agregar un nuevo bloque a la blockchain, se requiere un consenso de la red. En otras palabras, los nodos de la red deben ponerse de acuerdo en que una transacción es válida y debe incluirse en el libro de contabilidad. Este proceso se realiza a través de algoritmos de consenso, como el Prueba de Trabajo

(PoW) o el Prueba de Participación (PoS), dependiendo de la criptomoneda específica.

Transparencia y Acceso Público

Una de las características más notables de la blockchain es su transparencia. Como se mencionó anteriormente, cada copia del libro de contabilidad está disponible en todos los nodos de la red. Esto significa que cualquier persona puede ver todas las transacciones que han ocurrido en la cadena, lo que brinda un alto nivel de confianza y rendición de cuentas.

Inmutabilidad de Datos

Una vez que se agrega un bloque a la blockchain, es extremadamente difícil modificarlo. Esto se debe a la naturaleza de la criptografía y la cadena de bloques. Cualquier intento de cambiar un bloque requeriría una cantidad abrumadora de poder computacional, lo que lo hace prácticamente imposible.

Aplicaciones Más Allá de las Criptomonedas

Si bien la blockchain es la base de las criptomonedas, su utilidad se extiende mucho más allá de las transacciones monetarias. La capacidad de crear registros seguros y transparentes tiene aplicaciones en una variedad de industrias. Desde la gestión de la cadena de suministro hasta la atención médica y la votación electrónica, la blockchain está siendo explorada como una herramienta para mejorar la eficiencia y la seguridad en numerosos campos.

Importancia de la descentralización.

La importancia de la descentralización es un pilar fundamental en el mundo de las criptomonedas y la tecnología blockchain. Para comprender su relevancia, es crucial explorar cómo esta característica influye en la forma en que funcionan las criptomonedas y cómo impacta en la sociedad y la economía en general.

Eliminación de Intermediarios

Uno de los aspectos clave de la descentralización es la eliminación de intermediarios en las transacciones financieras. En el sistema financiero tradicional, como la banca, las transacciones requieren la participación de instituciones financieras que actúan como intermediarios. Estas instituciones no solo agregan costos a las transacciones, sino que también pueden restringir o limitar el acceso a ciertos servicios financieros.

En el mundo de las criptomonedas, la descentralización permite que las transacciones se realicen directamente entre pares (peer-to-peer) sin la necesidad de intermediarios como bancos o procesadores de pagos. Esto significa que los individuos tienen un mayor control sobre sus finanzas y pueden realizar transacciones de manera más eficiente y económica.

Seguridad y Resistencia a la Censura

La descentralización también desempeña un papel crucial en la seguridad y la resistencia a la censura de las criptomonedas. En un sistema centralizado, un atacante solo necesita apuntar a un punto de control central para interrumpir o manipular el sistema. Por otro lado, en un sistema descentralizado como una red blockchain, la información se almacena en múltiples ubicaciones (nodos), lo que hace que sea extremadamente difícil para un atacante alterar o detener la red en su conjunto.

Además, la resistencia a la censura es un beneficio importante de la descentralización. En sistemas centralizados, las autoridades pueden censurar o bloquear transacciones y actividades que consideren inapropiadas o controvertidas. Con la descentralización, no existe una autoridad central que pueda ejercer tal control, lo que protege la libertad financiera y la capacidad de los individuos para participar en actividades económicas sin restricciones injustas.

Transparencia y Confianza

La transparencia es otra ventaja importante de la descentralización. En una blockchain pública, todas las transacciones se registran en un libro de contabilidad que está disponible públicamente. Esto significa que cualquiera puede verificar las transacciones pasadas y confirmar que se han realizado de manera justa y legítima. Esta transparencia fomenta la confianza en el sistema y reduce la posibilidad de fraude o manipulación.

Resistencia a la Corrupción y el Abuso de Poder

En sistemas centralizados, las instituciones pueden verse tentadas a abusar de su poder o a actuar de manera corrupta. La descentralización disminuye este riesgo al distribuir el control y la toma de decisiones entre una amplia red de participantes. En lugar de depender de la integridad de una sola entidad, la confianza se basa en la matemática y la criptografía subyacentes.

Inclusión Financiera

La descentralización también puede desempeñar un papel importante en la inclusión financiera. Muchas personas en todo el mundo no tienen acceso a servicios financieros tradicionales debido a barreras como la falta de documentación o la ubicación geográfica. Las criptomonedas, al eliminar la necesidad de intermediarios y las restricciones geográficas, pueden brindar acceso a servicios financieros a personas que de otra manera estarían excluidas.

Desafíos y Consideraciones

A pesar de sus ventajas, la descentralización también presenta desafíos. La falta de regulación y supervisión centralizada puede dar lugar a actividades ilegales y estafas. Además, la falta de un recurso central para resolver disputas puede complicar la resolución de problemas.

Capítulo 2: Bitcoin y su Revolución

Bitcoin, la criptomoneda más conocida y pionera en su clase, tiene sus raíces en la crisis financiera de 2008. Su misterioso creador, bajo el seudónimo de Satoshi Nakamoto, publicó un documento técnico titulado "Bitcoin: A Peer-to-Peer Electronic Cash System" que trazó el camino hacia la creación de esta innovadora moneda digital.

Orígenes y creación de Bitcoin.

El documento de Nakamoto describía un sistema de dinero digital que funcionaría sin la necesidad de intermediarios financieros. Propuso una red descentralizada en la que los usuarios podrían realizar transacciones directamente entre sí, sin depender de bancos o gobiernos. La idea detrás de Bitcoin era devolver el control financiero a las personas comunes y reducir la influencia de las instituciones financieras en la economía.

En enero de 2009, Satoshi Nakamoto puso en marcha la red Bitcoin al extraer el primer bloque de la cadena, conocido como el "bloque génesis". Este bloque contenía una declaración de Nakamoto que dejaba claro el propósito de Bitcoin: "Chancellor on brink of second bailout for banks" ("Canciller al borde del segundo rescate a los bancos").

La minería de Bitcoin, el proceso de creación y verificación de nuevos bloques en la cadena, comenzó con Nakamoto y otros entusiastas de la criptografía que se unieron a la red. A medida que se agregaron más bloques, la cadena de bloques de Bitcoin se convirtió en un registro público de todas las transacciones realizadas en la red.

Un aspecto destacado del sistema de Bitcoin es su límite de suministro. Nakamoto diseñó Bitcoin para que solo se pudieran crear 21 millones de bitcoins en total. Esta limitación se introdujo para evitar la inflación y garantizar que Bitcoin conservara su valor con el tiempo. A medida que más personas se unían a la red y comenzaban a utilizar Bitcoin, su valor comenzó a crecer gradualmente.

Bitcoin se hizo más conocido en sus primeros años por ser utilizado en la dark web para actividades ilegales debido a su anonimato relativo. Sin embargo, a medida que se difundía la comprensión de su potencial, Bitcoin comenzó a atraer la atención de inversores y entusiastas de la tecnología en todo el mundo.

El año 2013 marcó un hito cuando el precio de un bitcoin superó los 100 dólares por primera vez. Esto atrajo la atención de inversores y especuladores, y Bitcoin comenzó a ganar reconocimiento en la corriente principal. En los años siguientes, el precio de Bitcoin experimentó una volatilidad significativa, con momentos de crecimiento explosivo y correcciones abruptas.

La adopción de Bitcoin como una forma legítima de inversión y almacenamiento de valor se aceleró en la década de 2020. Empresas, inversores institucionales y fondos de cobertura comenzaron a incluir Bitcoin en sus carteras de inversión. La adopción institucional se vio como una validación de Bitcoin como una clase de activo legítima y ayudó a impulsar su precio a niveles nunca antes vistos.

Papel de Bitcoin como moneda digital.

Bitcoin, la pionera de las criptomonedas, se ha convertido en una moneda digital revolucionaria que desafía las nociones tradicionales de dinero y finanzas. Su papel como moneda digital va más allá de simplemente ser una forma de pago en línea; representa un cambio fundamental en la forma en que concebimos y utilizamos el dinero.

1. Transacciones Eficientes

Una de las características más destacadas de Bitcoin es su capacidad para facilitar transacciones eficientes. Cuando se utiliza como moneda, Bitcoin permite a las personas realizar transferencias de valor de forma rápida y directa, sin necesidad de intermediarios. Esto elimina demoras y costos asociados con los sistemas de pago tradicionales, como las transferencias bancarias internacionales.

2. Globalización del Dinero

Bitcoin trasciende las fronteras nacionales y se convierte en una moneda verdaderamente global. No está vinculado a ningún país o gobierno en particular, lo que lo hace accesible para cualquier persona con acceso a Internet. Esta característica es especialmente valiosa en un mundo cada vez más interconectado y globalizado.

3. Resistencia a la Censura

La naturaleza descentralizada de Bitcoin también le otorga resistencia a la censura. A diferencia de las monedas emitidas por los gobiernos, Bitcoin no puede ser censurado o confiscado por una autoridad central. Esto lo convierte en una opción atractiva para quienes viven en países con restricciones financieras o censura gubernamental.

4. Inclusión Financiera

Bitcoin desempeña un papel importante en la inclusión financiera al brindar acceso a servicios financieros a personas que de otra manera estarían excluidas. Aquellos que carecen de cuentas bancarias o de acceso a servicios financieros tradicionales pueden utilizar Bitcoin como una alternativa para almacenar valor y realizar transacciones.

5. Almacenamiento de Valor

Además de su función como medio de intercambio, Bitcoin también se ha establecido como una forma efectiva de almacenar valor. La limitación de su suministro a 21 millones de bitcoins lo convierte en un activo deflacionario, lo que significa que con el tiempo tiende a aumentar su valor en lugar de devaluarse como las monedas tradicionales.

6. Refugio Seguro

En momentos de incertidumbre económica o crisis, Bitcoin a menudo se ve como un refugio seguro. Los inversores recurren a Bitcoin como una forma de proteger su riqueza contra la inflación y la volatilidad de las monedas fiduciarias. Esta percepción de Bitcoin como "oro digital" ha aumentado su popularidad como inversión.

7. Tecnología Disruptiva

El papel de Bitcoin como moneda digital no se limita a sus aspectos financieros. También es un ejemplo destacado de una tecnología disruptiva que ha transformado la forma en que se concibe la moneda y las finanzas en general. Su adopción y el interés que genera han llevado a un mayor desarrollo de la tecnología blockchain y a la creación de innumerables criptomonedas y proyectos relacionados.

8. Educación Financiera

La aparición de Bitcoin ha impulsado un interés generalizado en la educación financiera. Las personas buscan comprender cómo funciona esta nueva forma de dinero y cómo pueden utilizarlo de manera segura y efectiva. Esto ha llevado a una mayor conciencia sobre cuestiones financieras y a un mayor énfasis en la educación financiera en la sociedad.

9. Cambio Cultural

El papel de Bitcoin como moneda digital también ha desencadenado un cambio cultural en la forma en que las personas piensan sobre el dinero y la propiedad. Promueve la idea de que los individuos tienen el derecho y la responsabilidad de controlar sus propios activos financieros sin depender de intermediarios.

Bitcoin como resguardo de valor.

Bitcoin, más allá de su función como una moneda digital revolucionaria, se ha destacado como un resguardo de valor en un mundo económico en constante cambio. Su capacidad para preservar y aumentar el valor a lo largo del tiempo lo convierte en un activo atractivo para inversores y personas que buscan proteger su riqueza.

1. Limitación de Suministro

La característica más destacada que contribuye a la percepción de Bitcoin como resguardo de valor es su limitación de suministro. Desde su creación, se estableció un límite de 21 millones de bitcoins que podrían ser creados. Esto significa que, a diferencia de las monedas fiduciarias, donde los gobiernos pueden imprimir más dinero a voluntad, el suministro de Bitcoin está estrictamente controlado y limitado. Esta limitación crea un entorno deflacionario, lo que significa que con el tiempo, cada bitcoin tiende a aumentar de valor en lugar de devaluarse.

2. Escasez y Demanda

La combinación de la limitación de suministro y la creciente demanda de Bitcoin ha impulsado su precio. A medida que más personas y empresas reconocen las ventajas de Bitcoin como resguardo de valor, la demanda por él ha aumentado significativamente. La ley de oferta y demanda entra en juego aquí: con un suministro limitado y una demanda en crecimiento, el precio tiende a subir.

3. Inversión de Largo Plazo

Muchos inversores ven Bitcoin como una inversión de largo plazo y lo comparan con activos tradicionales como el oro. La idea es que, al mantener Bitcoin durante un período prolongado, es probable que su valor aumente con el tiempo, lo que puede proporcionar ganancias sustanciales. Aunque la volatilidad es una característica inherente de Bitcoin, aquellos que tienen una visión a largo plazo a menudo están dispuestos a soportar las fluctuaciones en busca de un rendimiento potencialmente significativo.

4. Cobertura Contra la Inflación

En un mundo donde las monedas fiduciarias están sujetas a la inflación y la devaluación, Bitcoin se considera una cobertura contra estos riesgos. Su limitación de suministro y su naturaleza descentralizada lo protegen contra la manipulación de los gobiernos y los bancos centrales. Los inversores recurren a Bitcoin como una forma de preservar su poder adquisitivo y proteger sus ahorros de la erosión causada por la inflación.

5. Diversificación de Cartera

La diversificación de la cartera es una estrategia comúnmente utilizada para reducir el riesgo de inversión. Al incluir Bitcoin en una cartera de inversiones, los inversores pueden agregar un activo con un perfil de riesgo diferente al de las acciones y los bonos tradicionales. Esta diversificación puede ayudar a mitigar las pérdidas en tiempos de volatilidad del mercado.

6. Reconocimiento Institucional

El reconocimiento y la adopción institucional de Bitcoin también han respaldado su papel como resguardo de valor. Empresas, fondos de inversión y fondos de cobertura han comenzado a incluir Bitcoin en sus carteras, lo que valida aún más su estatus como un activo legítimo. La entrada de actores institucionales ha brindado estabilidad y liquidez al mercado de Bitcoin.

7. Oportunidad de Inversión para Todos

A diferencia de las inversiones tradicionales, que a menudo requieren un capital significativo, Bitcoin permite a las personas invertir cualquier cantidad, desde pequeñas fracciones hasta sumas sustanciales. Esto democratiza el acceso a una inversión potencialmente lucrativa y proporciona una oportunidad de inversión para una amplia gama de personas.

8. Consideraciones de Seguridad

Si bien Bitcoin tiene un papel destacado como resguardo de valor, es importante tener en cuenta las consideraciones de seguridad. El almacenamiento seguro de bitcoins y la protección de las claves privadas son fundamentales para evitar la pérdida de fondos debido a robos o hackeos.

Bitcoin ha tenido un impacto significativo en las finanzas tradicionales al introducir la descentralización, promover la inclusión financiera, cambiar la percepción del dinero y fomentar la innovación tecnológica. A medida que el ecosistema de criptomonedas continúa evolucionando, su influencia en el mundo financiero seguirá siendo un tema central en la revolución financiera en curso.

Capítulo 3: Más Allá de Bitcoin: Altcoins y Tokens

Mientras que Bitcoin ha sido la criptomoneda pionera y más conocida, el mundo de las criptomonedas es mucho más amplio y diverso de lo que sugiere su nombre. La llegada de altcoins y tokens ha abierto nuevas posibilidades y ha permitido la creación de una amplia variedad de activos digitales con diferentes características y funciones.

Introducción a altcoins y tokens.
1. Altcoins: Variación en el Ecosistema Criptográfico

Las altcoins, abreviatura de "alternative coins" o monedas alternativas, son todas las criptomonedas distintas de Bitcoin. Aunque Bitcoin sigue siendo la criptomoneda líder en términos de capitalización de mercado y reconocimiento, las altcoins ofrecen una variedad de características y enfoques que van más allá de la simple transferencia de valor.

2. Tokens: Activos Digitales en Plataformas Blockchain

Los tokens son activos digitales que se crean y operan en plataformas blockchain existentes. A diferencia de las altcoins, que suelen tener sus propias cadenas de bloques, los tokens se basan en blockchains ya establecidas, como Ethereum. Los tokens pueden representar una amplia gama de activos digitales, desde acciones y bienes raíces hasta puntos de fidelidad en programas de recompensas.

3. Diversidad de Objetivos

Una de las razones clave detrás de la proliferación de altcoins y tokens es la diversidad de objetivos que buscan lograr. Algunas altcoins están diseñadas para ser mejores almacenes de valor que Bitcoin, mientras que otras se centran en la velocidad y la eficiencia de las transacciones. Los tokens, por otro lado, pueden tener propósitos específicos dentro de las plataformas en las que operan.

4. Experimentación e Innovación

La creación de altcoins y tokens permite la experimentación y la innovación en el espacio de las criptomonedas. Los desarrolladores pueden probar nuevas tecnologías, protocolos y conceptos a través de la creación de sus propias monedas digitales. Esta competencia y diversidad fomentan el avance continuo en el campo de las criptomonedas.

5. Complemento a Bitcoin

Aunque Bitcoin sigue siendo la criptomoneda más dominante, las altcoins y los tokens a menudo complementan su función. Algunos actúan como capas de privacidad adicionales, otros ofrecen contratos inteligentes programables y otros aún brindan soluciones específicas para aplicaciones descentralizadas (DApps). En conjunto, estas monedas digitales ofrecen un ecosistema en constante evolución y expansión.

6. Desafíos y Riesgos

Sin embargo, la proliferación de altcoins y tokens también plantea desafíos y riesgos. La abundancia de opciones puede ser abrumadora, y no todas las monedas digitales tienen un valor intrínseco sólido. Los inversores y usuarios deben ser cautelosos y realizar una investigación exhaustiva antes de participar en proyectos relacionados con altcoins y tokens.

7. Adopción y Utilidad

La adopción y la utilidad de las altcoins y los tokens varían ampliamente. Algunos han ganado una base de usuarios leales y se utilizan en aplicaciones del mundo real, mientras que otros son menos conocidos y tienen un alcance más limitado. La adopción y la utilidad de estos activos digitales a menudo dependen de la comunidad que los respalda y de la solidez de su tecnología.

Exploración de diferentes tipos de altcoins.

Las altcoins desempeñan un papel fundamental al ofrecer una variedad de características y enfoques que van más allá de la simple transferencia de valor. A medida que exploramos diferentes tipos de altcoins, comprenderemos cómo estas monedas digitales han diversificado y enriquecido el panorama criptográfico.

1. Altcoins de Almacenamiento de Valor

Algunas altcoins, como Ethereum (ETH) y Litecoin (LTC), se han ganado un lugar destacado como alternativas sólidas a Bitcoin en términos de almacenamiento de valor. Ethereum es especialmente conocido por su capacidad para ejecutar contratos inteligentes y aplicaciones descentralizadas, lo que lo convierte en una plataforma versátil más allá de ser solo una criptomoneda. Litecoin, por otro lado, se centra en proporcionar transacciones más rápidas y una cadena de bloques más ligera.

2. Altcoins de Privacidad

La privacidad es una preocupación creciente en el mundo de las criptomonedas, y varias altcoins han surgido para abordar esta cuestión. Monero (XMR) y

Zcash (ZEC) son ejemplos destacados de altcoins que priorizan la privacidad. Utilizan técnicas avanzadas de enmascaramiento de transacciones para ocultar las identidades de los remitentes, destinatarios y cantidades transferidas, brindando un alto nivel de confidencialidad.

3. Altcoins para Contratos Inteligentes y DApps

Ethereum (ETH) lidera la carga en el campo de las altcoins destinadas a ejecutar contratos inteligentes y aplicaciones descentralizadas (DApps). La plataforma Ethereum permite a los desarrolladores crear programas que se ejecutan automáticamente cuando se cumplen ciertas condiciones, lo que brinda una amplia gama de posibilidades en áreas como finanzas descentralizadas (DeFi) y juegos en línea.

4. Altcoins de Interoperabilidad

La interoperabilidad es un desafío importante en el mundo de las criptomonedas, ya que las diversas cadenas de bloques a menudo operan de manera aislada. Altcoins como Polkadot (DOT) y Cosmos (ATOM) están diseñadas para abordar este problema. Estas plataformas se esfuerzan por permitir que las diferentes cadenas de bloques se comuniquen y colaboren de manera eficiente.

5. Altcoins de Contratos Inteligentes Alternativos

Ethereum no es la única plataforma que ofrece contratos inteligentes. Algunas altcoins, como Cardano (ADA) y Tezos (XTZ), están diseñadas para competir en este espacio. Buscan mejorar la seguridad y la escalabilidad de los contratos inteligentes y ofrecer una alternativa sólida a Ethereum.

6. Altcoins de Prueba de Participación (PoS)

Mientras que Bitcoin y Ethereum utilizan el algoritmo de Prueba de Trabajo (PoW) para validar transacciones y crear nuevos bloques, las altcoins de Prueba de Participación (PoS) han ganado popularidad. Ejemplos notables incluyen Binance Coin (BNB) y Cardano (ADA). En lugar de gastar energía en minería, las PoS requieren que los participantes bloqueen una cierta cantidad de moneda para validar transacciones, lo que reduce la huella ecológica.

7. Altcoins de Uso Específico

Algunas altcoins se crean con propósitos específicos. Ejemplos notables incluyen Chainlink (LINK), que se enfoca en conectar contratos inteligentes con fuentes de datos del mundo real, y Ripple (XRP), que busca simplificar las transferencias transfronterizas y la liquidación de pagos para instituciones financieras.

8. Altcoins de Comunidad y Experimentación

Además de las altcoins con enfoques técnicos específicos, existen numerosas altcoins impulsadas por comunidades apasionadas que buscan experimentar y crear nuevas formas de interacción económica. Estas monedas a menudo tienen objetivos menos definidos pero fomentan la creatividad y la experimentación en el espacio criptográfico.

Uso de tokens en proyectos específicos.

Los tokens desempeñan un papel esencial en una amplia gama de proyectos específicos. Estos proyectos abarcan desde aplicaciones descentralizadas (DApps) hasta recompensas en programas de lealtad. Exploraremos cómo los tokens se han convertido en una herramienta fundamental para impulsar proyectos y comunidades en el mundo de las criptomonedas.

1. Tokens como Acceso a Servicios

Uno de los usos más comunes de los tokens es como medio para acceder a servicios específicos dentro de una plataforma o DApp. Por ejemplo, algunos juegos en línea basados en blockchain requieren que los jugadores utilicen tokens nativos para comprar artículos virtuales o desbloquear funciones adicionales. Estos tokens se convierten en una especie de moneda dentro del ecosistema del juego y les permiten a los usuarios aprovechar al máximo la experiencia.

2. Programas de Recompensas y Lealtad

Muchas empresas y proyectos utilizan tokens para recompensar a sus usuarios leales o para incentivar ciertos comportamientos. Estos programas de recompensas pueden variar desde bonificaciones por mantener tokens durante un período prolongado hasta recompensas por participar activamente en la comunidad. Los tokens se convierten en una forma efectiva de motivar la participación y fomentar la lealtad.

3. Finanzas Descentralizadas (DeFi)

Los tokens son una parte integral del ecosistema de las finanzas descentralizadas (DeFi). En plataformas DeFi como Compound, Aave y MakerDAO, los usuarios pueden prestar, pedir prestado y ganar intereses utilizando una variedad de tokens como garantía. Estos tokens permiten a los participantes acceder a servicios financieros avanzados sin necesidad de intermediarios tradicionales.

4. Tokens de Gobernanza

Algunos proyectos otorgan a los poseedores de tokens el poder de tomar decisiones importantes relacionadas con el desarrollo y la dirección del proyecto. Estos tokens de gobernanza permiten a la comunidad votar sobre propuestas de cambios en el protocolo, actualizaciones y otros aspectos importantes del proyecto. Ejemplos incluyen COMP en Compound y MKR en MakerDAO.

5. Tokens de Interoperabilidad

En proyectos que buscan abordar la interoperabilidad entre blockchains, los tokens pueden actuar como puentes entre diferentes cadenas. Por ejemplo, en la red Polkadot, el token DOT se utiliza para conectar y asegurar múltiples cadenas de bloques, permitiendo la transferencia de activos y datos entre ellas.

6. Tokens de Representación de Activos Físicos

Algunos proyectos buscan representar activos físicos, como bienes raíces o metales preciosos, mediante tokens digitales. Estos tokens se respaldan con activos del mundo real y permiten la inversión fraccional en activos que normalmente serían difíciles de adquirir y administrar. Esto abre nuevas oportunidades de inversión y diversificación.

7. Tokens de Arte y Coleccionables

El mundo del arte y los coleccionables también ha encontrado un espacio en el mundo de los tokens. Plataformas como Rarible y Decentraland permiten a los creadores de arte y coleccionables digitales emitir tokens únicos que representan obras de arte o artículos coleccionables. Estos tokens se pueden comprar, vender y comerciar en mercados especializados.

8. Tokens de Identidad y Autenticación

La autenticación y la identidad en línea son problemas importantes, y algunos proyectos están utilizando tokens para abordarlos. Los tokens de identidad permiten a los usuarios demostrar de manera segura quiénes son en línea sin necesidad de revelar información personal sensible. Esto puede ser útil en aplicaciones como la verificación de edad o la gestión de identidad digital.

Estrategias para evaluar altcoins y tokens.

A medida que el mundo de las criptomonedas sigue evolucionando, la evaluación de altcoins y tokens se vuelve esencial para los inversores y entusiastas. A continuación, exploraremos algunas estrategias clave para evaluar estos activos digitales de manera informada y tomar decisiones financieras sólidas.

1. Fundamentales del Proyecto

Comprender los fundamentales del proyecto es esencial. Esto incluye investigar quiénes son los desarrolladores, cuál es el propósito del proyecto, cuál es su hoja de ruta y qué problemas busca resolver. Un proyecto sólido debe tener un equipo experimentado y una visión clara.

2. Tecnología Subyacente

La tecnología en la que se basa un altcoin o token es fundamental. Investigar el tipo de blockchain que utiliza, su escalabilidad, seguridad y características técnicas es crucial para evaluar su viabilidad a largo plazo.

3. Caso de Uso y Utilidad

Determinar si el altcoin o token tiene un caso de uso real y una utilidad práctica es esencial. ¿Resuelve un problema existente o satisface una necesidad específica en el mercado? Los activos digitales con utilidad real tienden a tener un mayor potencial de adopción.

4. Comunidad y Participación Activa

Una comunidad fuerte y activa puede ser un indicador de la salud y el potencial de crecimiento de un proyecto. Observar la participación de la comunidad en foros, redes sociales y grupos de discusión puede proporcionar información valiosa.

5. Capitalización de Mercado y Liquidez

La capitalización de mercado y la liquidez son factores importantes a considerar. Una alta capitalización de mercado generalmente indica que el proyecto es ampliamente reconocido y utilizado. La liquidez asegura que puedas comprar y vender el activo cuando lo desees.

6. Seguridad y Auditorías

La seguridad es una preocupación importante en el espacio criptográfico. Verificar si el proyecto ha sido sometido a auditorías de seguridad independientes y si ha pasado por pruebas rigurosas puede ayudar a evaluar su robustez.

7. Historial de Desempeño

Examinar el historial de desempeño del altcoin o token puede proporcionar información sobre su estabilidad y capacidad para mantener o aumentar su valor con el tiempo. Sin embargo, es importante recordar que el rendimiento pasado no garantiza resultados futuros.

8. Competencia y Diferenciación

Evaluar la competencia en el espacio es crucial. ¿Existen otros proyectos similares que ofrecen soluciones comparables? Identificar cómo se diferencia un altcoin o token de la competencia puede ayudarte a determinar su posición en el mercado.

9. Regulación y Cumplimiento

Las consideraciones regulatorias son esenciales. Asegúrate de comprender las regulaciones aplicables en tu jurisdicción y si el proyecto cumple con ellas. Los cambios en las regulaciones pueden tener un impacto significativo en el valor y la viabilidad de un activo digital.

10. Investigación Continua

La investigación constante es clave. El mundo de las criptomonedas es dinámico y evoluciona rápidamente. Mantente informado sobre las actualizaciones del proyecto, noticias del mercado y eventos importantes que puedan afectar tu inversión.

11. Diversificación y Gestión de Riesgos

Diversificar tu cartera de criptomonedas y tener una estrategia de gestión de riesgos sólida son principios fundamentales. No pongas todos tus recursos en un solo activo y considera tu tolerancia al riesgo al tomar decisiones de inversión.

Capítulo 4: Blockchain en Diferentes Sectores

El blockchain, originalmente concebido como la tecnología subyacente de las criptomonedas, ha demostrado tener aplicaciones valiosas más allá del mundo de las monedas digitales. A medida que exploramos las diversas formas en que el blockchain se ha infiltrado en diferentes sectores, se hace evidente que esta tecnología tiene el potencial de transformar profundamente la manera en que funcionan muchas industrias.

Aplicaciones de blockchain fuera de las criptomonedas.

1. Salud

En el sector de la salud, el blockchain ha surgido como una solución prometedora para el almacenamiento y la gestión de registros médicos. Los registros médicos electrónicos almacenados en una cadena de bloques pueden ser seguros y accesibles para médicos autorizados y pacientes. Esto agiliza la atención médica al permitir el acceso rápido a información crítica, manteniendo al mismo tiempo la privacidad de los pacientes.

2. Cadena de Suministro

La cadena de suministro es otra área donde el blockchain está dejando su huella. Permite un seguimiento transparente y en tiempo real de productos y materiales a medida que se mueven a lo largo de la cadena de suministro. Esto es especialmente valioso para rastrear la autenticidad de los productos y garantizar la calidad en industrias como la alimentaria y la farmacéutica.

3. Educación

El uso de blockchain en la educación se centra en la autenticación de títulos y certificados. Los registros académicos almacenados en una cadena de bloques pueden verificar la autenticidad de los logros académicos, lo que facilita la contratación y la admisión en instituciones educativas.

4. Propiedad Intelectual y Derechos de Autor

El blockchain proporciona una solución efectiva para proteger los derechos de propiedad intelectual y autoría. Los artistas, músicos y autores pueden registrar sus obras en una cadena de bloques, lo que crea un registro inmutable de su creación y facilita la protección legal en caso de disputas de derechos de autor.

5. Votación Electrónica

La votación electrónica basada en blockchain se ha propuesto como una manera segura y transparente de llevar a cabo elecciones. Al registrar cada voto en una cadena de bloques, se puede garantizar que los resultados no sean manipulados y que el proceso de votación sea accesible y seguro.

6. Bienes Raíces

Permite agilizar las transacciones de propiedad. Los registros de propiedad inmobiliaria en una cadena de bloques eliminan la necesidad de intermediarios costosos y reducen el riesgo de fraude.

7. Energía

En el sector energético, se utiliza para administrar la generación y distribución de energía. Permite la creación de redes eléctricas más eficientes y descentralizadas, lo que puede llevar a una mayor sostenibilidad y una distribución de energía más equitativa.

8. Gobierno y Documentación Legal

Los gobiernos están explorando el uso de blockchain para mejorar la gestión de documentos legales, como registros de propiedad, licencias y contratos. Esto reduce la burocracia y mejora la transparencia en las interacciones gubernamentales.

9. Arte y Entretenimiento

En la industria del arte y el entretenimiento, se utiliza para rastrear la autenticidad de obras de arte, entradas para eventos y mercancía relacionada. Esto combate la falsificación y protege los intereses de los artistas y creadores.

10. Almacenamiento y Compartición de Datos

El blockchain también se está utilizando para crear soluciones de almacenamiento de datos más seguras y descentralizadas. Los usuarios pueden mantener el control total de sus datos y compartirlos solo con las partes autorizadas.

la tecnología blockchain está transformando la forma en que se abordan los problemas de transparencia y seguridad en diversos sectores. Al proporcionar un registro inmutable y seguro de datos, el blockchain está impulsando la confianza y la eficiencia en industrias que van desde la salud y la educación hasta la cadena de suministro y el gobierno. Su impacto sigue creciendo a medida que más sectores reconocen su potencial para mejorar la forma en que operan.

Capítulo 5: Inversiones Sabias en Criptomonedas

Invertir en criptomonedas es una actividad emocionante pero llena de desafíos. Para tomar decisiones informadas y sabias, es esencial comprender la evaluación de riesgo y recompensa en el mundo de las criptomonedas. A medida que exploramos cómo los inversores pueden abordar esta evaluación, se hace evidente que la prudencia y la investigación son clave en este proceso.

Evaluación de riesgo y recompensa en inversiones en criptomonedas.

1. Volatilidad

La volatilidad es una característica intrínseca de las criptomonedas. Los precios pueden fluctuar drásticamente en cuestión de horas o días. Si bien esto ofrece oportunidades para obtener ganancias significativas, también implica un riesgo sustancial. Los inversores deben ser conscientes de que la volatilidad puede llevar a pérdidas considerables si no se gestionan adecuadamente.

2. Investigación y Análisis

La investigación y el análisis exhaustivos son esenciales. Antes de invertir en una criptomoneda específica, es importante comprender su tecnología subyacente, su equipo de desarrollo y su propósito. Analizar el historial de precios y las tendencias del mercado también puede proporcionar información valiosa sobre su rendimiento pasado.

3. Diversificación

Diversificar la cartera es una estrategia común para mitigar el riesgo. En lugar de invertir todo en una sola criptomoneda, los inversores pueden distribuir sus fondos en múltiples activos digitales. Esto reduce la exposición a riesgos específicos y equilibra el potencial de ganancias y pérdidas.

4. Horizonte de Inversión

Es un factor clave en la evaluación de riesgo y recompensa. Los inversores a corto plazo pueden estar dispuestos a asumir más riesgos en busca de ganancias rápidas, mientras que aquellos a largo plazo pueden optar por activos más estables. Es importante alinear la estrategia de inversión con los objetivos y la tolerancia al riesgo.

5. Seguridad de Almacenamiento

Las criptomonedas se almacenan en billeteras digitales, y garantizar su seguridad es fundamental para proteger las inversiones. Las billeteras en frío, que no están conectadas a Internet, ofrecen un nivel más alto de seguridad contra hacks y robos.

6. Regulación y Cumplimiento

La regulación y el cumplimiento son factores que pueden influir en el riesgo y la recompensa de las inversiones en criptomonedas. Cambios en las leyes y regulaciones pueden afectar la legalidad y la viabilidad de ciertas criptomonedas. Los inversores deben estar al tanto de la regulación en sus jurisdicciones y cumplir con las normativas aplicables.

7. Capitalización de Mercado

La capitalización de mercado de una criptomoneda puede proporcionar información sobre su estabilidad y aceptación en el mercado. Las monedas con una alta capitalización de mercado generalmente tienen una base de usuarios más grande y son menos susceptibles a la manipulación de precios.

8. Noticias e Información del Mercado

Los anuncios relacionados con una criptomoneda, como asociaciones con empresas importantes o actualizaciones tecnológicas, pueden influir en su precio. Sin embargo, también es importante filtrar información confiable de rumores y noticias falsas que pueden afectar negativamente la inversión.

9. Plan de Salida y Gestión de Pérdidas

Tener un plan de salida y estrategias de gestión de pérdidas es fundamental. Los inversores deben establecer límites para cuándo venderán una criptomoneda si los precios caen y cuánto están dispuestos a perder antes de salir de una inversión. La disciplina en la gestión de pérdidas es esencial para evitar pérdidas catastróficas.

10. Consejo Profesional

Buscar consejo profesional puede ser beneficioso, especialmente para inversores novatos. Los asesores financieros con experiencia en criptomonedas pueden proporcionar orientación sobre estrategias de inversión y ayudar a evaluar el riesgo y la recompensa de manera más informada.

Estrategias de inversión a largo y corto plazo.

Dos enfoques comunes son las estrategias a largo plazo y las estrategias a corto plazo, cada una con sus propias ventajas y desafíos. A medida que exploramos estas estrategias, es importante comprender cómo pueden adaptarse a sus objetivos financieros y tolerancia al riesgo.

1. Estrategias a Largo Plazo
Inversión en Criptomonedas como Reserva de Valor

Una estrategia a largo plazo común en el mundo de las criptomonedas es tratarlas como una reserva de valor. Algunos inversores ven a Bitcoin y otras criptomonedas principales como el oro digital, una inversión que puede mantener durante años como una forma de proteger su riqueza contra la inflación y la degradación de las monedas fiduciarias.

Este enfoque implica comprar criptomonedas y mantenerlas durante un período prolongado, incluso durante décadas. Los inversores que adoptan esta estrategia confían en que, con el tiempo, la adopción y la demanda de criptomonedas aumentarán, lo que resultará en un aumento en su valor.

Beneficios de las Estrategias a Largo Plazo

- **Menos Estrés:** Las estrategias a largo plazo implican menos monitoreo constante del mercado, lo que puede reducir el estrés relacionado con la inversión.
- **Potencial para Beneficios Significativos:** Si una criptomoneda aumenta de valor de manera sustancial en un período prolongado, los inversores a largo plazo pueden disfrutar de beneficios significativos.
- **Diversificación:** Los inversores a largo plazo pueden diversificar su cartera con múltiples criptomonedas, lo que reduce la exposición a riesgos específicos.

Desafíos de las Estrategias a Largo Plazo

- **Volatilidad a Corto Plazo:** A pesar de la visión a largo plazo, las criptomonedas pueden experimentar volatilidad significativa en el corto plazo, lo que puede ser difícil de manejar emocionalmente.

- **Inmovilización de Capital:** Mantener activos durante mucho tiempo puede inmovilizar capital que podría utilizarse en otras oportunidades de inversión.
- **Falta de Liquidez:** Dependiendo de la criptomoneda, la falta de liquidez en el mercado podría dificultar la venta cuando sea necesario.

2. Estrategias a Corto Plazo
Trading Diario y Swing Trading

Las estrategias a corto plazo, como el trading diario y el swing trading, se centran en aprovechar las fluctuaciones de precios en el mercado de criptomonedas. Los traders a corto plazo compran y venden activos digitales en cuestión de días, horas o incluso minutos.

El trading diario implica la compra y venta de activos en el mismo día, mientras que el swing trading implica mantener activos durante varios días o semanas para aprovechar tendencias de precios más grandes.

Beneficios de las Estrategias a Corto Plazo

- **Potencial para Ganancias Rápidas:** Los traders a corto plazo pueden aprovechar las fluctuaciones diarias de precios para obtener ganancias rápidas.
- **Liquidez:** Las estrategias a corto plazo pueden proporcionar una mayor liquidez, ya que los traders están activamente involucrados en el mercado.
- **Flexibilidad:** Los traders a corto plazo pueden adaptarse rápidamente a las condiciones

cambiantes del mercado y ajustar sus estrategias en consecuencia.

Desafíos de las Estrategias a Corto Plazo

- **Estrés y Presión:** El trading a corto plazo puede ser emocionalmente agotador debido a la necesidad de tomar decisiones rápidas y la volatilidad constante.
- **Altos Costos de Transacción:** Las estrategias a corto plazo pueden resultar en altos costos de transacción debido a la compra y venta frecuente de activos.
- **Mayor Riesgo:** La volatilidad a corto plazo puede aumentar el riesgo de pérdidas significativas si las decisiones de inversión no son acertadas.

Importancia de la diversificación de cartera.

Cuando se trata de invertir en criptomonedas, la diversificación de cartera es una estrategia clave que puede ayudar a los inversores a gestionar el riesgo y optimizar el rendimiento de sus activos digitales.

¿Qué es la Diversificación de Cartera?

La diversificación de cartera es un enfoque que implica la distribución de fondos en una variedad de activos en lugar de concentrarlos en uno solo. El objetivo principal es reducir el riesgo al evitar depender en exceso de un solo activo o clase de activos. En el contexto de las criptomonedas, esto significa poseer una variedad de monedas digitales en lugar de invertir todo en una sola.

Razones para Diversificar en Criptomonedas

1. Reducción del Riesgo

La criptomoneda es conocida por su alta volatilidad. Los precios pueden subir y bajar drásticamente en un corto período de tiempo. Al diversificar su cartera con diferentes criptomonedas, disminuye la probabilidad de que una caída en el precio de una moneda tenga un impacto catastrófico en su cartera en su conjunto.

2. Aprovechar Oportunidades

Cada criptomoneda tiene su propio propósito y tecnología subyacente. Al diversificar, puede aprovechar una gama más amplia de oportunidades. Por ejemplo, algunas monedas se centran en la privacidad, mientras que otras se utilizan para contratos inteligentes. La diversificación le permite participar en diversas tendencias y desarrollos dentro del espacio criptográfico.

3. Estabilidad a Largo Plazo

Si bien algunas criptomonedas pueden experimentar fluctuaciones drásticas en el corto plazo, una cartera diversificada está diseñada para resistir mejor las incertidumbres del mercado y mantener su valor a lo largo del tiempo.

Cómo Diversificar de Manera Efectiva

La diversificación efectiva en criptomonedas requiere una planificación cuidadosa. Aquí hay algunas pautas para ayudarlo a comenzar:

1. **Investigue y Seleccione Varias Criptomonedas**

No se limite a Bitcoin. Investigue y seleccione varias criptomonedas que le interesen y que tengan casos de uso sólidos. Considere monedas principales como Ethereum, Litecoin, Ripple y otras alternativas prometedoras.

2. **Distribuya sus Inversiones de Manera Equitativa**

Una vez que haya seleccionado múltiples criptomonedas, distribuya sus inversiones de manera equitativa en función de su capital total. Esto asegura que cada moneda tenga un peso similar en su cartera.

3. **Reequilibre su Cartera Regularmente**

La diversificación efectiva requiere un monitoreo constante y, en ocasiones, el reequilibrio de su cartera. A medida que las valoraciones de las criptomonedas cambian con el tiempo, es importante ajustar su distribución para mantener su estrategia de diversificación.

4. **Considere Factores Adicionales**

Además de la diversificación entre criptomonedas, considere factores adicionales como el tamaño de mercado, la tecnología subyacente y la adopción. Esto puede ayudarlo a tomar decisiones más informadas sobre dónde asignar sus recursos.

5. **Tenga un Plan de Salida**

Finalmente, tenga un plan de salida en su lugar. Establezca límites para cuándo venderá o reducirá su inversión en ciertas criptomonedas si los eventos del mercado lo requieren.

En conclusión, la diversificación de cartera es una estrategia esencial para los inversores en criptomonedas. Ayuda a reducir el riesgo, aprovechar oportunidades y proporcionar estabilidad a largo plazo. Al seguir estas pautas y mantenerse informado sobre las tendencias del mercado, puede construir una cartera diversificada que se adapte a sus objetivos financieros y tolere el riesgo.

Herramientas para investigar y analizar proyectos de criptomonedas.

Cuando se trata de invertir en criptomonedas, la investigación y el análisis son fundamentales para tomar decisiones informadas. A medida que el mercado de criptomonedas continúa evolucionando, la disponibilidad de herramientas y recursos para investigar y analizar proyectos ha aumentado significativamente.

1. Exploradores de Blockchain

Los exploradores de blockchain son herramientas que permiten a los inversores rastrear transacciones y explorar la información en tiempo real de una cadena de bloques específica. Algunos de los exploradores de blockchain más conocidos incluyen Etherscan para Ethereum y Blockchain.info para Bitcoin. Estas herramientas brindan acceso a datos como el historial de transacciones, saldos de direcciones y detalles sobre bloques recientes. Los exploradores de blockchain son esenciales para verificar la actividad y la salud de una criptomoneda en particular.

2. Foros de Criptomonedas

Los foros de criptomonedas, como Reddit y Bitcointalk, son lugares donde la comunidad criptográfica discute proyectos, comparte noticias y analiza desarrollos. Estos foros pueden proporcionar una visión valiosa sobre la percepción de una criptomoneda en la comunidad y pueden ayudar a los inversores a identificar problemas potenciales o tendencias positivas. Sin embargo, es importante tener en cuenta que la información en los foros puede variar en calidad y precisión, por lo que se requiere discernimiento.

3. Análisis de Medios de Comunicación

Los medios de comunicación criptográficos, como CoinDesk y Cointelegraph, proporcionan noticias y análisis actualizados sobre el mercado de criptomonedas. Estos recursos son útiles para mantenerse al tanto de eventos importantes, actualizaciones de proyectos y noticias que pueden afectar el mercado. Los inversores deben ser críticos al consumir noticias y considerar múltiples fuentes para obtener una imagen más completa.

4. Plataformas de Análisis de Datos

Existen plataformas de análisis de datos dedicadas que ofrecen información detallada sobre criptomonedas y proyectos. Estas plataformas pueden incluir datos sobre precios históricos, volumen de operaciones, capitalización de mercado y métricas de rendimiento. Ejemplos de tales plataformas incluyen CoinMarketCap, CoinGecko y Messari. Los inversores pueden utilizar estas herramientas para realizar un seguimiento de las tendencias y métricas clave de una criptomoneda en particular.

5. Redes Sociales y Comunidades en Línea

Las redes sociales como Twitter y Telegram son utilizadas por equipos de proyectos y líderes de la comunidad para comunicarse con los inversores y mantenerlos actualizados sobre desarrollos. Siguiendo a los líderes de proyectos y uniéndose a comunidades en línea, los inversores pueden obtener información directa y participar en conversaciones relevantes.

6. Whitepapers

Los whitepapers son documentos técnicos que detallan la tecnología y el propósito de un proyecto de criptomoneda. Estos documentos suelen estar disponibles en el sitio web oficial del proyecto y proporcionan información esencial sobre cómo funciona la criptomoneda y cuál es su caso de uso. Los inversores deben leer y comprender el whitepaper de un proyecto antes de invertir.

7. Análisis Técnico y Fundamental

Se centra en el estudio de gráficos de precios y patrones para predecir movimientos futuros. El análisis fundamental implica evaluar factores como la tecnología subyacente, el equipo de desarrollo y la adopción del proyecto. Ambos enfoques son útiles para comprender el potencial de una criptomoneda.

8. Plataformas de Negociación

Las plataformas de negociación ofrecen información sobre criptomonedas, incluidos gráficos de precios en tiempo real y herramientas de análisis.

Los inversores pueden utilizar estas plataformas para monitorear y tomar decisiones de compra o venta.

Capítulo 6: Seguridad en el Mundo de las Criptomonedas

La seguridad es una preocupación central en el mundo de las criptomonedas, ya que la naturaleza descentralizada y digital de estos activos los hace vulnerables a diversas amenazas. Proteger tus inversiones en criptomonedas es esencial para evitar la pérdida de fondos y mantener la integridad de tus activos digitales. A continuación, se presentan las prácticas de seguridad clave que todo inversor en criptomonedas debe seguir.

¿Cómo proteger tus inversiones en criptomonedas?
1. Wallets Seguros

Utilizar una billetera segura es fundamental para proteger tus criptomonedas. Hay tres tipos principales de billeteras:

- **Billeteras de hardware:** Estas son dispositivos físicos que almacenan tus criptomonedas fuera de línea, lo que las hace altamente seguras. Ejemplos populares incluyen Ledger Nano S y Trezor.

- **Billeteras de software:** Son aplicaciones o programas que se ejecutan en tu dispositivo. Asegúrate de descargar billeteras de software de fuentes confiables y mantén tu sistema operativo actualizado.
- **Billeteras en línea:** Estas billeteras están basadas en la web y son convenientes para el acceso, pero pueden ser más vulnerables a ataques. Úsalas solo para cantidades pequeñas y considera la autenticación de dos factores (2FA).

2. Autenticación de Dos Factores (2FA)

La 2FA agrega una capa adicional de seguridad a tus cuentas. Esto generalmente implica un código de verificación que se genera en tu teléfono o dispositivo de seguridad. Habilita siempre la 2FA en tus cuentas de intercambio y billeteras para protegerlas de accesos no autorizados.

3. Contraseñas Seguras

Utiliza contraseñas fuertes que combinen letras mayúsculas y minúsculas, números y caracteres especiales. Evita usar contraseñas obvias o compartidas y considera el uso de un administrador de contraseñas para gestionarlas de manera segura.

4. Actualizaciones de Software

Mantén tu software de billetera, sistema operativo y aplicaciones de seguridad actualizados. Las actualizaciones suelen incluir parches de seguridad que corrigen vulnerabilidades conocidas.

5. Respaldo de Claves Privadas

Realiza copias de seguridad de tus claves privadas y guárdalas en un lugar seguro, lejos del acceso en línea. Esto asegura que puedas recuperar tus fondos en caso de pérdida o daño de tu dispositivo.

6. Educación y Conciencia

Mantente informado sobre las últimas amenazas y estafas en el mundo de las criptomonedas. La educación es una defensa poderosa contra el fraude.

7. Evita Phishing y Scams

Sé cauteloso con los correos electrónicos y mensajes sospechosos que intentan engañarte para que reveles información personal o claves privadas. No hagas clic en enlaces no verificados y verifica siempre la legitimidad de los sitios web que visitas.

8. Almacena Claves Privadas de Forma Segura

Las claves privadas son la llave de acceso a tus criptomonedas. Guárdalas en un lugar seguro, preferiblemente desconectadas de internet. Considera opciones como cajas de seguridad o bóvedas físicas.

9. Diversificación de Almacenamiento

No almacenes todas tus criptomonedas en una sola billetera o intercambio. Divide tus fondos en múltiples billeteras y plataformas para reducir el riesgo.

10. Verificación de Direcciones de Recepción

Antes de enviar criptomonedas a una dirección, verifica que sea la dirección correcta. Un error en la dirección puede resultar en la pérdida permanente de fondos.

11. Medidas de Seguridad Física

Protege tus dispositivos físicos, como billeteras de hardware, de robos y daños. Mantén tus dispositivos seguros y fuera del alcance de personas no autorizadas.

12. Considera el Seguro de Criptomonedas

Algunas compañías ofrecen seguros para criptomonedas. Investiga si es adecuado para tus necesidades y activos.

Uso de carteras de hardware, software y papel.

La seguridad es de suma importancia en el mundo de las criptomonedas. La elección de la billetera adecuada para almacenar y gestionar tus activos digitales es un aspecto crítico para proteger tus inversiones.

1. Carteras de Hardware

Las carteras de hardware son dispositivos físicos diseñados específicamente para almacenar claves privadas de criptomonedas de forma segura. Estas billeteras son altamente recomendadas para aquellos que buscan la máxima seguridad. A continuación, se detallan algunas características clave de las carteras de hardware:

- **Almacenamiento Fuera de Línea:** Las claves privadas se almacenan en el dispositivo, lo que las mantiene a salvo de amenazas en línea como virus y hackers.

- **Acceso Seguro:** Para realizar transacciones, debes conectar la cartera de hardware a una computadora o dispositivo y autorizar la transacción físicamente en el dispositivo. Esto protege tus fondos incluso si tu computadora está comprometida.

- **Resistencia al Phishing:** Las carteras de hardware son menos susceptibles al phishing, ya que las claves privadas nunca se exponen en línea.

Ejemplos populares de carteras de hardware incluyen Ledger Nano S, Trezor y KeepKey. Estas carteras suelen ser pequeñas y portátiles, lo que las hace ideales para almacenar grandes cantidades de criptomonedas de forma segura.

2. Carteras de Software

Las carteras de software son aplicaciones o programas instalados en tu dispositivo, como tu computadora o teléfono móvil. Aunque son más convenientes que las carteras de hardware, también son más susceptibles a amenazas en línea. Aquí hay algunos puntos clave sobre las carteras de software:

- **Conveniencia:** Son fáciles de usar y accesibles en cualquier momento desde tu dispositivo.
- **Conexión a Internet:** Como están en línea, las carteras de software pueden ser vulnerables a virus, malware y ataques cibernéticos si no se toman medidas de seguridad adecuadas.
- **Diversidad:** Hay muchas opciones de carteras de software disponibles, desde carteras de escritorio como Electrum hasta carteras móviles como Trust Wallet.

Para mejorar la seguridad de las carteras de software, es crucial tomar precauciones adicionales, como habilitar la autenticación de dos factores (2FA) y asegurarse de descargar aplicaciones de fuentes confiables.

3. Carteras de Papel

Una billetera de papel es una forma física de almacenar tus claves privadas en un medio impreso, generalmente en forma de un código QR o una serie de números y letras. Las carteras de papel son extremadamente seguras siempre que se mantengan fuera del alcance de terceros y se almacenen en un lugar seguro. Algunos aspectos destacados de las carteras de papel incluyen:

- **Almacenamiento Fuera de Línea:** Al igual que las carteras de hardware, las carteras de papel no están en línea, lo que las hace resistentes a amenazas en línea.
- **Respaldo Físico:** Tener una copia impresa de tus claves privadas te permite recuperar tus fondos en caso de pérdida de acceso a tu billetera en línea.
- **Seguridad a Largo Plazo:** Son ideales para almacenar criptomonedas a largo plazo, ya que no están sujetas a riesgos de ciberseguridad.

Sin embargo, es importante tener en cuenta que si pierdes una cartera de papel o se daña irremediablemente, podrías perder el acceso a tus fondos de forma permanente.

Elección de la Billetera Correcta

La elección de la billetera adecuada depende de tus necesidades y preferencias personales. Si valoras la máxima seguridad y estás dispuesto a invertir en una cartera de hardware, es una excelente opción. Las carteras de software son convenientes para transacciones diarias, pero debes ser diligente en cuanto a la seguridad cibernética. Las carteras de papel son ideales para el almacenamiento a largo plazo, pero requieren un manejo físico cuidadoso.

Independientemente de la opción que elijas, es esencial seguir las mejores prácticas de seguridad, como mantener tus dispositivos actualizados, utilizar contraseñas fuertes y, en el caso de las carteras de hardware y papel, guardarlas en un lugar seguro y de confianza. La seguridad de tus criptomonedas depende en última instancia de las precauciones que tomes.

¿Cómo evitar estafas y ataques cibernéticos?

La seguridad en el mundo de las criptomonedas va más allá de elegir la billetera adecuada; también implica proteger tus activos digitales de estafas y ataques cibernéticos. La naturaleza descentralizada y, en algunos casos, anónima de las criptomonedas las hace un objetivo atractivo para estafadores y hackers.

1. Reconoce las Estafas Comunes

Estar informado sobre las estafas comunes es el primer paso para evitar caer en ellas. Algunas de las estafas más frecuentes incluyen:

- **Phishing:** Los estafadores envían mensajes o correos electrónicos falsos que parecen legítimos y te instan a revelar información confidencial como claves privadas o contraseñas.
- **Esquemas Ponzi:** Prometen retornos de inversión excepcionales pero en realidad usan

el dinero de nuevos inversores para pagar a los antiguos.

- **Robo de Identidad:** Los atacantes pueden robar tu información personal y utilizarla para acceder a tus cuentas de criptomonedas.
- **Proyectos Falsos:** Ofrecen nuevas criptomonedas o tokens con promesas falsas de ganancias, luego desaparecen con tus fondos.

2. Verifica Siempre las Fuentes

Antes de interactuar con cualquier sitio web o plataforma relacionada con criptomonedas, asegúrate de que sea legítimo. Verifica las URLs, busca reseñas y usa fuentes de confianza para obtener información. Nunca ingreses tus claves privadas en sitios web sospechosos o enlaces no verificados.

3. Utiliza Autenticación de Dos Factores (2FA)

La 2FA agrega una capa adicional de seguridad a tus cuentas. Activa esta función siempre que sea posible. Por lo general, implica ingresar un código de verificación enviado a tu teléfono móvil o correo electrónico para acceder a tu cuenta.

4. Protege tu Identidad

Mantén tu información personal segura y evita compartirla en línea si no es necesario. Los estafadores pueden utilizar datos personales para llevar a cabo ataques dirigidos.

5. Educación Continua

La educación es tu mejor defensa contra estafas. Mantente informado sobre las últimas amenazas y estafas en el mundo de las criptomonedas y comparte esa información con otros para crear conciencia.

6. Evita Ofertas Demasiado Buenas para Ser Verdaderas

La regla de oro en las inversiones es que si suena demasiado bueno para ser verdad, probablemente lo sea. Desconfía de las promesas de retornos exorbitantes o garantizados, ya que a menudo son señales de estafas.

7. Almacena tus Claves Privadas de Forma Segura

Nunca compartas tus claves privadas con nadie y guárdalas en un lugar seguro, lejos del acceso en línea. Mantén copias de seguridad en medios físicos o bóvedas seguras.

8. Utiliza Carteras de Hardware

Como se mencionó anteriormente, las carteras de hardware ofrecen un alto nivel de seguridad al mantener tus claves privadas fuera de línea y lejos de la exposición en línea.

9. Verifica las Direcciones de Recepción

Antes de enviar criptomonedas a una dirección, verifica que sea la dirección correcta. Un error en la dirección puede resultar en la pérdida permanente de fondos.

10. Mantén Actualizado tu Software

Mantén tus sistemas operativos, software de billetera y programas antivirus actualizados para proteger tu dispositivo contra amenazas conocidas.

11. Sé Cauteloso con las Redes Sociales

Las redes sociales a menudo se utilizan para promover estafas y proyectos fraudulentos. No confíes en información que encuentres en redes sociales sin verificarla.

La seguridad en el mundo de las criptomonedas es una responsabilidad compartida entre los inversores y la comunidad en general. Siguiendo estas prácticas y siendo consciente de las estafas comunes, puedes minimizar el riesgo de caer en trampas y mantener tus activos digitales seguros. La precaución y la educación son tus mejores aliados en este entorno en constante evolución.

Capítulo 7: Regulación en el Espacio Cripto

La regulación de las criptomonedas es un tema de creciente importancia en el mundo financiero y legal. A medida que las criptomonedas ganan popularidad y se integran en la economía global, los gobiernos de todo el mundo están trabajando para establecer un marco legal que aborde los desafíos y riesgos asociados con esta tecnología innovadora.

Estado actual de la regulación de criptomonedas a nivel global.
1. Estados Unidos

La regulación de las criptomonedas es un asunto complejo que involucra múltiples agencias federales y estatales. La Comisión de Bolsa y Valores

(SEC) considera algunas criptomonedas como valores y regula las Ofertas Iniciales de Monedas (ICOs) en virtud de las leyes de valores. La Comisión de Comercio de Futuros de Productos Básicos (CFTC) supervisa los derivados de criptomonedas. Además, los estados individuales también tienen sus propias regulaciones. El enfoque de los Estados Unidos ha sido en gran medida reactivo, con agencias reguladoras tomando medidas contra proyectos fraudulentos y emisores de ICO no registrados.

2. Unión Europea

Se ha adoptado un enfoque más proactivo hacia la regulación de las criptomonedas. En 2020, introdujo la quinta Directiva contra el Lavado de Dinero (AMLD5), que requiere que las empresas de criptomonedas cumplan con las regulaciones contra el lavado de dinero y la financiación del terrorismo. Además, la UE está desarrollando un marco legal completo para las criptomonedas, que podría incluir la creación de una moneda digital del banco central (CBDC).

3. China

Se ha adoptado un enfoque ambiguo hacia las criptomonedas. Aunque ha prohibido las ICO y la operación de intercambios de criptomonedas en el pasado, el país está desarrollando su propia CBDC, el yuan digital. Además, China sigue siendo un importante centro de minería de criptomonedas, lo que genera tensiones entre las actividades cripto y la regulación gubernamental.

4. Japón

Japón ha establecido un marco legal claro para las criptomonedas. La Ley de Servicios de Pago de 2017 reconoció a Bitcoin y otras criptomonedas como un medio de pago legal y estableció regulaciones para intercambios de criptomonedas. Esto ha contribuido a la adopción generalizada de criptomonedas en el país.

5. Singapur

Singapur ha adoptado un enfoque progresivo hacia las criptomonedas. La Autoridad Monetaria de Singapur (MAS) ha emitido directrices para regular las Ofertas Iniciales de Monedas (ICOs) y las actividades de intercambio. El país se ha convertido en un centro de innovación y desarrollo de tecnología blockchain.

6. Rusia

Rusia ha experimentado altibajos en su enfoque hacia las criptomonedas. Aunque ha habido intentos de prohibir las criptomonedas en el pasado, el país está trabajando en una legislación que permita la inversión en criptomonedas y la emisión de tokens. La regulación rusa sigue siendo un área en evolución.

7. Australia

Australia ha establecido regulaciones para los intercambios de criptomonedas y busca fortalecer las medidas contra el lavado de dinero y la financiación del terrorismo en el espacio cripto. El país ha avanzado en la promoción de la adopción de criptomonedas y tecnología blockchain.

8. Sudáfrica

Sudáfrica ha adoptado un enfoque equilibrado hacia las criptomonedas, reconociendo su potencial económico y estableciendo regulaciones para intercambios y servicios relacionados con criptomonedas. El país también está explorando la emisión de una CBDC.

La regulación de las criptomonedas es un campo en constante evolución que varía significativamente de un país a otro. Algunos gobiernos han adoptado un enfoque proactivo para establecer marcos legales claros, mientras que otros aún están explorando cómo abordar las criptomonedas. Los inversores y usuarios de criptomonedas deben mantenerse informados sobre las regulaciones locales y seguir las mejores prácticas de cumplimiento para garantizar su seguridad y conformidad con la ley. A medida que las criptomonedas continúen madurando, es probable que veamos una mayor convergencia y estandarización en la regulación a nivel global.

Importancia de la conformidad legal en inversiones en criptomonedas.

La criptomoneda, como activo financiero y tecnología, ha revolucionado la forma en que vemos y manejamos el dinero. Sin embargo, su creciente popularidad ha llevado a un aumento en la atención regulatoria de los gobiernos y organismos financieros en todo el mundo. La conformidad legal en inversiones en criptomonedas se ha convertido en un tema crítico, que afecta a inversores, empresas y la industria en su conjunto.

1. Regulación para la Protección del Inversionista

Uno de los principales objetivos de la regulación en el espacio cripto es la protección del inversionista. A medida que más personas invierten en criptomonedas, es fundamental que existan medidas para prevenir fraudes y estafas. Las regulaciones buscan asegurarse de que las empresas y proyectos que recaudan fondos a través de Ofertas Iniciales de Monedas (ICOs) sean transparentes y cumplan con ciertos estándares de seguridad.

2. Prevención del Lavado de Dinero y la Financiación del Terrorismo

Las criptomonedas pueden utilizarse para actividades ilegales debido a su naturaleza pseudoanónima. Las regulaciones buscan prevenir el lavado de dinero y la financiación del terrorismo al requerir que las empresas de criptomonedas implementen medidas de debida diligencia y reporten transacciones sospechosas.

3. Impulso de la Innovación Responsable

Aunque la regulación puede parecer restrictiva, también puede impulsar la innovación responsable en el espacio cripto. Las empresas que cumplen con las regulaciones pueden ganar la confianza de los inversores y el público en general, lo que fomenta un entorno más seguro y sostenible para el desarrollo de nuevas tecnologías.

4. Evitar Sanciones Legales

La falta de conformidad legal en inversiones en criptomonedas puede tener consecuencias graves. Las empresas que no cumplen con las regulaciones pueden enfrentar sanciones legales, multas y el cierre de operaciones. Los inversores también pueden verse afectados si invierten en proyectos que operan fuera del marco legal.

5. Protección de Datos y Privacidad

La gestión de datos personales y financieros es una preocupación clave en el mundo de las criptomonedas. Las regulaciones de privacidad y protección de datos son esenciales para garantizar que la información de los usuarios se maneje de manera segura y ética. La conformidad legal puede ayudar a prevenir violaciones de datos y abusos.

6. Evitar la Fragmentación Regulatoria

Dado que las criptomonedas son un mercado global, la falta de conformidad legal en un país puede llevar a una fragmentación regulatoria. Esto puede crear incertidumbre para las empresas y los inversores y dificultar la adopción masiva de criptomonedas. La convergencia de regulaciones a nivel internacional puede promover la interoperabilidad y la adopción global.

7. Fomento de la Transparencia y Responsabilidad

La regulación también fomenta la transparencia y la responsabilidad en la industria de las criptomonedas. Exige a las empresas divulgar información financiera y operativa relevante, lo que permite a los inversores tomar decisiones informadas.

8. Cumplimiento de Impuestos

Las ganancias de las inversiones en criptomonedas pueden estar sujetas a impuestos. La regulación proporciona directrices claras sobre cómo se deben tratar los impuestos relacionados con las criptomonedas, lo que evita problemas legales futuros.

9. Protección de la Integridad del Mercado

Las regulaciones también buscan proteger la integridad del mercado cripto al prevenir la manipulación de precios y otras prácticas comerciales perjudiciales. Esto ayuda a garantizar que el mercado sea justo y eficiente.

10. Alineación con Normas Globales

La conformidad legal en inversiones en criptomonedas también puede ayudar a las empresas y a la industria a alinearse con las normas globales y evitar conflictos con regulaciones internacionales.

Capítulo 8: Futuro de las Criptomonedas

El futuro de las criptomonedas está lleno de emocionantes posibilidades y desafíos. A medida que esta tecnología continúa evolucionando, se están desarrollando tendencias tecnológicas que tendrán un impacto significativo en su adopción y uso.

Tendencias tecnológicas que darán forma al futuro de las criptomonedas.

1. Mejoras en la Escalabilidad

Uno de los desafíos clave que enfrenta la adopción masiva de criptomonedas es la escalabilidad. Las redes como Bitcoin y Ethereum han experimentado congestiones y costos de transacción elevados en momentos de alta demanda. Para abordar este problema, se están desarrollando soluciones de escalabilidad, como Ethereum 2.0 y soluciones de capa 2, que permitirán un mayor número de transacciones por segundo y costos más bajos.

2. Interoperabilidad entre Cadenas de Bloques

La interoperabilidad entre diferentes cadenas de bloques se ha convertido en un objetivo importante. Las criptomonedas y activos digitales deben poder moverse de una cadena de bloques a otra de manera eficiente y segura. Proyectos como Polkadot, Cosmos y Chainlink están trabajando en soluciones de interoperabilidad que facilitarán la transferencia de valor entre diferentes blockchains.

3. Mayor Privacidad

La privacidad es un aspecto crucial para muchos usuarios de criptomonedas. A medida que la regulación se intensifica, se está prestando más atención a la privacidad de las transacciones. Monedas como Monero y Zcash, que ofrecen transacciones privadas, están ganando popularidad. Se espera que la privacidad se convierta en una característica estándar en más criptomonedas en el futuro.

4. Desarrollo de Monedas Centrales

Varios bancos centrales de todo el mundo están explorando la emisión de monedas digitales respaldadas por el gobierno, conocidas como monedas digitales del banco central (CBDC). Estas

CBDC tienen el potencial de transformar la forma en que operan los sistemas financieros y la forma en que las personas utilizan el dinero. Su desarrollo y adopción podrían tener un impacto significativo en el ecosistema cripto.

5. Contratos Inteligentes Avanzados

Los contratos inteligentes, programas autoejecutables que automatizan acuerdos y transacciones, continuarán evolucionando. Plataformas como Ethereum ya han demostrado su utilidad, pero el desarrollo de contratos inteligentes más avanzados permitirá una gama aún más amplia de aplicaciones, desde finanzas descentralizadas (DeFi) hasta votaciones electrónicas seguras.

6. Tokenización de Activos Tradicionales

La tokenización de activos tradicionales, como bienes raíces, acciones y obras de arte, se está acelerando. Esto permitirá una mayor liquidez y acceso a inversiones previamente inaccesibles. Los tokens respaldados por activos físicos pueden democratizar la inversión y eliminar intermediarios.

7. Mayor Adopción Minorista

A medida que las criptomonedas se vuelven más fáciles de usar y se integran en aplicaciones y servicios cotidianos, se espera una mayor adopción minorista. Las billeteras digitales y las pasarelas de pago facilitarán las transacciones con criptomonedas en tiendas en línea y físicas, lo que impulsará su aceptación generalizada.

8. Educación y Conciencia Pública

A medida que las criptomonedas se vuelvan más comunes, la educación y la conciencia pública jugarán un papel crucial en su adopción. Se espera que surjan más programas educativos y campañas de concienciación para ayudar a las personas a comprender cómo funcionan las criptomonedas y cómo utilizarlas de manera segura.

9. Desarrollo Sostenible

La creciente preocupación por el impacto ambiental de la minería de criptomonedas está impulsando el desarrollo de soluciones más sostenibles. Se están investigando fuentes de energía más limpias y eficientes para la minería de criptomonedas, lo que podría abordar las críticas medioambientales.

10. Avances en Seguridad

A medida que las criptomonedas continúen ganando valor, la seguridad será un área de enfoque constante. Se esperan avances en tecnología de seguridad, como carteras más seguras y protocolos de autenticación avanzados, para proteger las inversiones de los usuarios.

Adopción masiva y el papel de las instituciones financieras.

El futuro de las criptomonedas es un tema que ha captado la atención de inversores, entusiastas y observadores del mercado financiero en todo el mundo. A medida que estas monedas digitales continúan evolucionando, la adopción masiva se perfila como un escenario plausible.

1. Instituciones Financieras como Catalizadores de Adopción

Instituciones financieras tradicionales, como bancos y firmas de inversión, están empezando a reconocer el potencial de las criptomonedas. Muchas de ellas están explorando cómo pueden incorporar activos digitales en sus servicios existentes. Esta legitimación por parte de las instituciones financieras puede llevar a una mayor confianza y adopción por parte del público en general.

2. Integración de Servicios Cripto

Los bancos están considerando la posibilidad de ofrecer servicios relacionados con criptomonedas, como la custodia de activos digitales y la negociación de criptos. Algunos ya han comenzado a ofrecer estos servicios a sus clientes, lo que facilita la inversión en criptomonedas para un público más amplio.

3. Fondo de Cobertura de Criptomonedas

La creación de fondos de cobertura centrados en criptomonedas es otra señal de la creciente aceptación de estas monedas digitales. Los inversores institucionales, como fondos de pensiones y fondos de inversión, están considerando la inclusión de criptomonedas en sus carteras como una forma de diversificación.

4. Reconocimiento Regulatorio

La claridad regulatoria es esencial para la participación de las instituciones financieras en el espacio cripto. A medida que los reguladores establecen directrices más claras y coherentes para las criptomonedas, las instituciones financieras pueden operar dentro de un marco legal establecido, lo que les permite invertir y ofrecer servicios cripto de manera segura.

5. Impulso de la Adopción Minorista

La participación de las instituciones financieras puede impulsar la adopción masiva de criptomonedas al aumentar la conciencia y la accesibilidad. Esto puede alentar a más personas a invertir y utilizar criptomonedas en su vida cotidiana.

6. Mayor Liquidez y Estabilidad del Mercado

La participación de inversores institucionales en el mercado de criptomonedas puede aumentar la liquidez y la estabilidad. A medida que más capital fluye hacia el mercado, los movimientos de precios pueden volverse menos volátiles, lo que hace que las criptomonedas sean más atractivas como activos de inversión.

7. Innovación Financiera

Las instituciones financieras también están explorando cómo pueden utilizar la tecnología blockchain subyacente de las criptomonedas para mejorar sus propios procesos. Esto incluye la liquidación y compensación de transacciones, lo que podría llevar a una mayor eficiencia en el sistema financiero en general.

8. Educación y Concienciación

Las instituciones financieras tienen un papel importante en la educación y concienciación sobre criptomonedas. Proporcionar información precisa y asesoramiento a los clientes es esencial para garantizar que las personas comprendan los riesgos y beneficios de las inversiones en criptomonedas.

9. Competencia y Diversificación de Servicios

A medida que más instituciones financieras ingresan al espacio cripto, la competencia aumenta. Esto puede llevar a una mayor innovación y a una variedad de servicios cripto disponibles para los consumidores.

10. Desarrollo de Infraestructura Cripto

La adopción masiva requerirá una infraestructura sólida. Las instituciones financieras están invirtiendo en el desarrollo de esta infraestructura, incluyendo soluciones de custodia, intercambios seguros y servicios de pago cripto.

El papel de las instituciones financieras es fundamental para la adopción masiva de criptomonedas. A medida que estas instituciones reconocen el potencial y la utilidad de las criptomonedas, están tomando medidas para integrarlas en sus servicios y operaciones. Esto, a su vez, puede acelerar la adopción y llevar a un futuro donde las criptomonedas sean una parte integral del sistema financiero global.

Capítulo 9: Próximos Pasos y Recursos

A medida que avanzamos en este libro, has adquirido un conocimiento sólido sobre el mundo de las criptomonedas. Ahora, es natural que te preguntes cuáles son los siguientes pasos para comenzar a invertir en estas emocionantes monedas digitales.

Pasos para comenzar a invertir en criptomonedas.
1. Educación Continua

La educación es clave. Continúa aprendiendo sobre criptomonedas, blockchain y las tendencias del mercado. Mantente al día con las noticias y los desarrollos en el espacio cripto. Existen numerosos recursos en línea, como blogs, foros y videos educativos, que pueden ayudarte a estar informado.

2. Establece Objetivos Claros

Antes de invertir, establece objetivos claros. ¿Estás buscando inversiones a largo plazo o quieres operar a corto plazo? ¿Cuál es tu tolerancia al riesgo? Definir tus objetivos te ayudará a tomar decisiones más informadas.

3. Selecciona una Bolsa de Criptomonedas

Para comprar y vender criptomonedas, necesitas registrarte en una bolsa de criptomonedas. Investiga y selecciona una bolsa que se adapte a tus necesidades. Asegúrate de que sea segura, tenga una variedad de criptomonedas disponibles y una interfaz fácil de usar.

4. Configura una Cartera de Criptomonedas

Una vez que tengas criptomonedas, es fundamental almacenarlas de forma segura en una cartera de criptomonedas. Puedes optar por carteras en línea, de hardware o de papel, dependiendo de tu nivel de seguridad y conveniencia. Asegúrate de comprender cómo funciona tu cartera y cómo mantener tus claves privadas seguras.

5. Diversifica Tu Cartera

No pongas todos tus huevos en una sola cesta. Diversificar tu cartera de criptomonedas es esencial para reducir el riesgo. Considera invertir en varias criptomonedas en lugar de apostar todo a una sola.

6. Realiza Investigación y Análisis

Antes de invertir en una criptomoneda, investiga a fondo. Examina el equipo detrás del proyecto, su tecnología, casos de uso y perspectivas a largo plazo. Aprende a analizar gráficos y datos del mercado para tomar decisiones informadas.

7. Compra y Mantén

Existen dos enfoques principales en las inversiones en criptomonedas: el trading activo y la estrategia de compra y mantenimiento (HODL). El trading implica comprar y vender con frecuencia para aprovechar las fluctuaciones de precios, mientras que HODLing implica mantener criptomonedas a largo plazo. Elige una estrategia que se adapte a tus objetivos y nivel de comodidad.

8. Practica la Seguridad Cibernética

La seguridad es primordial en el mundo de las criptomonedas. Utiliza autenticación de dos factores

(2FA) en tus cuentas de intercambio y carteras. Mantén tus claves privadas fuera de línea y fuera del alcance de personas no autorizadas. Evita las estafas y los sitios web sospechosos.

9. Mantén Registros y Paga Impuestos

Lleva un registro de todas tus transacciones de criptomonedas para fines fiscales. En muchos países, las ganancias de criptomonedas están sujetas a impuestos. Consulta con un asesor fiscal para asegurarte de cumplir con las regulaciones locales.

10. Participa en la Comunidad Cripto

Únete a la comunidad cripto. Participa en foros, redes sociales y grupos en línea donde puedas aprender de otros inversores y compartir tus experiencias. La comunidad cripto es un recurso valioso para mantenerse al tanto de las últimas noticias y tendencias.

11. No te Dejes Llevar por las Emociones

Las inversiones en criptomonedas pueden ser volátiles. Evita tomar decisiones impulsivas basadas en emociones. Mantén la calma, sigue tu estrategia y no te dejes llevar por el miedo o la euforia del mercado.

12. Prepara un Plan de Salida

Tener un plan de salida es tan importante como tener un plan de inversión. Define cuándo y cómo planeas vender tus criptomonedas si tus objetivos se cumplen o si las condiciones del mercado cambian.

13. Aprende de tus Errores

Las inversiones en criptomonedas pueden implicar errores y pérdidas. Aprende de tus errores y utiliza esas experiencias para mejorar tus estrategias futuras.

14. Mantén la Paciencia

La inversión en criptomonedas puede ser un viaje a largo plazo. La paciencia es clave para resistir las fluctuaciones del mercado y permitir que tus inversiones crezcan con el tiempo.

Conclusión

En el transcurso de este libro, hemos explorado el fascinante mundo de las criptomonedas y las inversiones digitales. Ha sido un viaje de aprendizaje emocionante y lleno de descubrimientos.

Puntos Clave del Libro

Hemos desglosado las complejidades de las criptomonedas y las inversiones digitales en capítulos que abarcan desde los fundamentos de las criptomonedas y la tecnología blockchain hasta estrategias de inversión sabia y seguridad en el mundo de las criptomonedas. Algunos de los puntos clave que hemos destacado incluyen:

- La definición de criptomonedas como monedas digitales descentralizadas que utilizan tecnología blockchain para funcionar.
- La historia y evolución de las criptomonedas desde los primeros días de Bitcoin hasta la proliferación de miles de altcoins.

- La importancia de la tecnología blockchain en la creación de un libro de contabilidad público y seguro.
- El impacto de las criptomonedas en las finanzas tradicionales y cómo están redefiniendo la banca y las inversiones.
- La diversificación de cartera como estrategia para mitigar riesgos en inversiones digitales.
- La necesidad de investigación exhaustiva y análisis antes de invertir en criptomonedas.
- La seguridad cibernética como prioridad, con consejos sobre el uso de carteras seguras y la protección contra estafas y ataques.
- La creciente regulación en el espacio cripto y la importancia de cumplir con las leyes locales.
- La exploración de altcoins y tokens más allá de Bitcoin, junto con estrategias para evaluar su potencial.
- Aplicaciones de blockchain en diversos sectores y cómo la tecnología mejora la transparencia y la seguridad.
- Consideraciones sobre la evaluación de riesgos y recompensas en inversiones en criptomonedas.
- Estrategias de inversión a largo y corto plazo y la importancia de la diversificación de cartera.

Inspiración y Motivación

Navegar por el mundo de las inversiones digitales puede parecer desafiante, pero también es una oportunidad emocionante para el crecimiento financiero y personal. A medida que avanzas en este viaje, recuerda que:

- La educación continua es tu mayor activo. Nunca dejes de aprender sobre criptomonedas y blockchain.
- Establecer objetivos claros te ayudará a mantenerte enfocado en tus metas financieras.
- La diversificación y la investigación son cruciales para tomar decisiones informadas y mitigar riesgos
- La paciencia es la clave en un mercado volátil. Evita decisiones impulsivas y mantén una visión a largo plazo.
- La seguridad cibernética debe ser una prioridad constante. Protege tus activos y mantén tus claves privadas seguras.

Últimas Palabras de Aliento y Consejo

En tu viaje hacia el mundo de las criptomonedas, ten en cuenta que, aunque puede haber desafíos y momentos de incertidumbre, también hay oportunidades emocionantes para el crecimiento y el éxito. No temas explorar, aprender de tus errores y ajustar tu enfoque a medida que avanzas. Mantén una mente abierta y busca oportunidades para aprender de otros inversores y de la comunidad cripto en general.

Recuerda que el mundo de las inversiones digitales es dinámico y evoluciona constantemente. Mantente actualizado con las últimas tendencias y noticias, y no dudes en adaptarte a medida que el mercado cambia.

Ahora, te animamos a tomar medidas, a seguir aprendiendo y a construir tu camino hacia un futuro financiero más sólido y seguro a través de las inversiones digitales. ¡Que tu viaje sea fructífero y lleno de éxitos!

www.ingramcontent.com/pod-product-compliance
Lightning Source LLC
Chambersburg PA
CBHW062235290526
45794CB00006B/2298